LAS TOCAYAS
(Pieza Teatral)

Maricel Mayor Marsán

LAS TOCAYAS
(Pieza Teatral)

© Maricel Mayor Marsán, 2013
© Ediciones Baquiana. Colección *Rumbos Terencianos*, 2013
Todos los derechos reservados. All rights reserved.

Prohibida la reproducción total o parcial de esta obra, por cualquier medio o procedimiento informático, comprendidos la reprografía, la fotocopia y la grabación, sin la previa autorización del autor y de la editorial, de acuerdo con las sanciones establecidas por las leyes.

Primera edición: Febrero de 2013

Publicado por:
Ediciones Baquiana
P. O. Box 521108
Miami, Florida. 33152-1108
Estados Unidos de América

Correo electrónico: **info@baquiana.com**
Dirección virtual: **http:// www.baquiana.com/ediciones**

ISBN: 978-1-936647-15-6

© **Elena Lasala, 2006. Ilustración de portada.**
Plegarias: Óleo sobre canvas (24" x 18")
Todos los derechos reservados. All rights reserved.

© **Antonio Rodríguez, 2010. Foto de contraportada.**
Todos los derechos reservados. All rights reserved.

© **Carlos Quevedo, 2013. Diseño de portada y contraportada.**
Todos los derechos reservados. All rights reserved.

Impreso en los Estados Unidos de América.
Printed in the United States of America.

Aviso

Los profesionales y aficionados son avisados por este medio de que este material está protegido en su totalidad por las Leyes de Derechos de Autores de los Estados Unidos de América, y de todos los demás países signatarios de las Convenciones de Derechos de Autores de Berna y las Convenciones de Derechos de Autores Universales, y por lo tanto, está sujeto a regalías. Todos los derechos, incluyendo –pero no limitados a– los de naturaleza profesional, aficionada, lectura pública, grabaciones de índole cinematográfica, transmisión radiofónica y teledifusión, así como los derechos de traducción a otros idiomas, son expresamente reservados. Si alguna institución docente está interesada en una lectura o cualquier otro tipo de uso de esta pieza teatral, puede solicitar la autorización del autor a través de Ediciones Baquiana, por correo electrónico o postal.

Nota aclaratoria

Las situaciones aquí reflejadas son producto de la imaginación de la autora y no corresponden a ninguna persona, viva o muerta, en particular.

PERSONAJES

MANUELA 1
Mujer blanca, de unos cincuenta y cinco años
al comienzo de la obra. Maestra de escuela retirada.

MANUELA 2
Mujer negra, de unos treinta y cinco años
al comienzo de la obra. Ex empleada doméstica.

ESTEBAN
Compromiso amoroso de Manuela 1.

LÁZARO
Padre de los hijos de Manuela 2.

AMISTADES DE MANUELA 1

CONSUELO
REMEDIOS
ALBERTO
VÍCTOR

SOBRINOS DE MANUELA 1

VITALINA
GERTRUDIS
FERNANDO
EUGENIO

HIJOS DE MANUELA 2

BENNY
CARIDAD

AMBIENTACIÓN

Siglo XX. La Habana, Cuba, a comienzos de la década de los sesenta.

DECORADO

La sala de un apartamento de lujo en la zona del Vedado.

VESTUARIO

Los personajes Manuela 1, Esteban, Consuelo, Remedios, Alberto, Víctor, Vitalina, Gertrudis, Fernando y Eugenio siempre aparecen en escena muy bien vestidos.

Los personajes Manuela 2, Benny y Caridad suelen vestir de manera muy casual. Lázaro siempre viste con uniforme militar.

ACTO I

ACTO I

• Escena I •

1962. Se abre el telón y una pareja aparece abrazada en el medio de la sala, mientras bailan y se acarician, en medio de una semi penumbra. Se escucha un disco de boleros de manera muy suave.

MANUELA 1: *(Mientras continuaban abrazados)* Hoy no quisiera que la tarde acabara. Daría cualquier cosa porque el tiempo se detuviera en este momento. Tengo tanto miedo de perderte para siempre.

ESTEBAN: No digas eso, mi amor. Piensa que en breve estaremos juntos de nuevo.

MANUELA 1: No estoy tan segura de eso.

ESTEBAN: *(Separándose un poco, mientras la mira fijamente a los ojos y la agarra por los hombros)* Escucha, Manuela, enseguida que llegue a mi destino y encamine a la familia, lo primero que haré es mandarte a buscar. ¡Te lo juro, mi amor! ¡Te lo juro!

MANUELA 1: No creo que puedas hacerlo tan pronto.

ESTEBAN: ¿Por qué dices eso? No seas pesimista. Ya verás.

MANUELA 1: *(Se separa, poniéndose de espalda a Esteban)* Todos los que se han ido y me han escrito, me cuentan lo difícil que es la vida en los primeros tiempos por allá. No soy pesimista. Simplemente, estoy consciente de que no es lo mismo ir de viaje a Miami Beach, como lo hemos hecho tú y yo tantas veces, a irse a vivir por una temporada más larga.

ESTEBAN: *(La abraza por detrás y la rodea con sus brazos por la cintura)* Yo te aseguro que no tienes de qué preocuparte. Tengo muy buenos contactos por allá y enseguida podré poner mi situación en orden.

MANUELA 1: *(Se separa con suavidad y lo enfrenta con la mirada)* ¿Sabes cuánto tiempo llevo esperando para que pongas tu situación en orden?

ESTEBAN: Bueno, no creo que sea el momento adecuado para hablar de ese tema. No quisiera llevarme un recuerdo amargo de este día.

MANUELA 1: Yo tampoco, pero lo cierto es que llevo más de veinte años esperando a que pongas tus cosas en orden.

ESTEBAN: *(Cortante)* Bueno, bueno, te digo que no es el momento.

MANUELA 1: ¿Por qué no? Nunca ha existido el momento adecuado para hablar de este tema y quizás no tengamos otra oportunidad para hablar del asunto por un buen tiempo.

ESTEBAN: Ya lo hemos hablado en otras ocasiones.

MANUELA 1: No, Esteban, no es así. Cada vez que yo he tratado de poner las cosas en claro contigo, tú me cortas, cambias la conversación, me das alguna evasiva o excusa y no aclaramos la situación.

ESTEBAN: *(Tratándola de acariciar)* No seas exagerada. Siempre hemos conversado acerca de todas las cosas.

MANUELA 1: Cierto, eres un hombre culto, un lector insaciable, un conversador maravilloso, el mejor de los amigos, el más simpático entre todos, el mejor amante y yo te amo por todo eso y más. *(Lo besa en los labios de manera impetuosa)*. Nunca te dejaré de amar y tampoco te olvidaré, pero, antes de que te marches, hoy quiero que me digas cómo van a quedar las cosas entre tú y yo. ¿Nos volveremos a ver o este es el fin de nuestra relación?

ESTEBAN: ¿Cómo se te ocurre? ¿Cómo piensas así? *(Enojado)* En cuanto ponga mis cosas en orden, te mando a buscar y allá arreglaremos todo, de una vez y por todas. No tengo deseos de seguir unido a mi esposa por el resto de mis días. Si no me he divorciado de ella hasta ahora es por mis hijos, pero ellos ya están grandes y pronto no me van a necesitar más. Además, tú sabes que la única mujer a quien yo amo eres tú.

MANUELA 1: Necesito creerte. ¡Ojalá sea así! *(Moviéndose por la escena mientras habla).* Desde que nos conocimos no he hecho otra cosa que esperar por ti, esperar para que soluciones todos tus problemas familiares y personales, pero todo ha conspirado contra mí. Primero tus padres que no aprobaban un divorcio en el seno de tu familia, luego tu esposa enfermiza y los cuatro hijos que llegaron con los años, el desarrollo de tus negocios después de la Segunda Guerra Mundial y hasta las fluctuaciones en el mercado azucarero internacional fueron motivos para que postergaras la solución a nuestra situación.

(La atrae hacia él y la lleva al sofá por la cintura, donde se sienta junto a ella)

ESTEBAN: ¿Por qué no piensas en todas las cosas agradables que hemos vivido? ¿Acaso eso no cuenta?

Siempre me he preocupado de ti y, pese a todas mis obligaciones, nunca te he abandonado. Piensa en todos los viajes que hemos realizado alrededor del mundo, piensa en lo que te apoyé cuando quisiste estudiar tu doctorado en Filosofía y Letras en la Universidad de La Habana, piensa en cuando te ayudé a salir de tu ciudad en provincia, piensa en esta propiedad horizontal que compré para ti cuando te retiraste de maestra, para que no pasaras apuros financieros y que la vida te resultara más fácil.

MANUELA 1: Cuando pienso en todas esas cosas, claro que agradezco tu apoyo incondicional y tu generosidad, pero siempre he anhelado tener el lugar que me corresponde en tu vida. Me gustaría que todos supieran que soy tu mujer, especialmente mi familia y mis amigos, que todos se enteraran de que me amas y que yo te amo y no tener que esconderme más. Ahora te vas del país y ni siquiera podré llorar tu ausencia enfrente de todos. Tendré que seguir pretendiendo ser la tía solterona, la que nunca amó o que nadie la amó, la que nunca se casó, la que no pudo tener hijos por su condición de amante, la que dejó de ir a la iglesia hace muchos años para no tener que confesarse, la persona más extraña del universo que "supuestamente" disfruta viajando sola y que después de cada viaje no puede ni enseñar sus fotos por temor a que se descubra todo.

ESTEBAN: No digas más. Eso suena muy mal.

MANUELA 1: Pero es la realidad, mi realidad.

ESTEBAN: *(La abraza mientras ella solloza)* Voy a ser bien sincero contigo. Por años, aunque parezca una excusa o una sucesión de ellas, he tratado de arreglar mi situación y no he podido. Cuando compré este apartamento, lo hice pensando en que ésta sería nuestra vivienda de casados. Siempre he querido divorciarme de Virginia y casarme contigo, pero otras razones de fuerza mayor me lo han impedido. Mi felicidad no puede estar basada en la infelicidad de mis hijos o de mis padres. No puedo permitirme el lujo de ser egoísta. Por muchos años puse la felicidad de ellos por encima de la mía.

MANUELA 1: Pero tus padres ya fallecieron y tus hijos ya están grandes. ¿Ahora cuál es la razón para no hacerlo? ¿Por qué no pospones tu salida? Te divorcias, nos casamos y luego nos vamos juntos a donde tú quieras.

ESTEBAN: No puedo hacer eso. Yo también he sufrido mi parte y aunque me gustaría estar contigo para siempre, la situación política en este país está muy difícil y necesito sacar a toda mi familia pronto de aquí. Ya me intervinieron la fábrica, me quitaron todas las propiedades que tenía y solo me queda la casa donde vivo con ellos. No es tiempo para demoras. Tú eres una sola, te puedo mandar a buscar después por cualquier vía y no sería tan complicado como irme y después tratar de sacar a todos mis hijos con su madre. Además, la familia de Virginia consiguió las visas para poder viajar a España, nos envió los pasajes para el núcleo completo y nos confirmó su ayuda a nuestra llegada a ese país y luego en los Estados Unidos.

MANUELA 1: Lo sé. Entiendo la situación. Todo está revuelto y confuso. Incluso, muchos de mi familia se han ido. *(Silencio)*. ¿Te acordarás de mí cuando pasen los días y los meses?

(Ernesto la abraza y trata de retomar el baile interrumpido un momento atrás).

ERNESTO: Por supuesto. Nunca te voy a olvidar. Moveré cielo y tierra hasta sacarte de aquí. Yo también te necesito y mucho.

MANUELA 1: Y ¿qué va a pasar con todo esto, el apartamento y todos sus muebles?

ERNESTO: Cuando te reclame y consigas salir de manera definitiva, tendrás que dejarle todo al gobierno porque esa es la única forma de poder salir de aquí. Incluso, trata de no utilizar el dinero de tu cuenta de ahorros en el banco. Te lo pedirán en el pre chequeo, a la hora de la salida. Gasta solamente el dinero mensual de tu retiro y toma este dinero para cualquier eventualidad. *(Saca del bolsillo un fajo de billetes y lo pone sobre la mesa de centro)*. Nosotros acabamos de entregarle todo nuestro patrimonio al gobierno. La casa era lo único que nos quedaba y ya la revisaron. Hicieron un inventario de todo lo que teníamos adentro y no pudimos ni sacar un adorno, ni siquiera para dejarle un recuerdo a la familia o a un amigo.

MANUELA 1: Gracias por preocuparte de mí y no dejarme fuera de tus planes. También por los consejos. Eres la persona más maravillosa que he conocido en mi vida.

ERNESTO: Tú lo eres más que yo.

MANUELA 1: Te quiero. Te voy a extrañar mucho.

ESTEBAN: Y yo te extrañaré infinitamente. *(La besa en la boca y la dirige en dirección a la puerta del dormitorio)*. Vamos, necesito memorizar tu cuerpo.

(Se vuelve a escuchar la música del disco de boleros. Oscuridad total).

• Escena II •

1966. Luces. Tocan a la puerta del apartamento. Sale Manuela de uno de los dormitorios y se dirige en dirección a la puerta principal. Abre la puerta. Sus amigos y vecinos, Consuelo y Alberto, han venido a despedirse. Traen dos maletas y miran hacia atrás con sigilo, para ver si alguien los está siguiendo.

CONSUELO: Buenos días, Manuela. ¿Cómo estás?

MANUELA 1: Bienvenidos. Hace tanto tiempo que no hablaba con ustedes y eso que vivimos en el mismo edificio. ¿Dónde estaban metidos? (*Cierra la puerta de entrada al apartamento*).

ALBERTO: Es una larga historia con un final común. ¿No te imaginas? ¿Cómo te encuentras?

MANUELA 1: Yo bien, al margen de todo, pero ustedes. ¿Qué está pasando? ¿a dónde se van?

CONSUELO: Nos vamos, Manuela, nos vamos del país. (*Hablando en voz baja*). Ya no podemos vivir más aquí. Hemos estado haciendo muchas diligencias para irnos y, al fin, lo logramos. Nos vamos a México. Mi hermana, la que vive allá, nos consiguió las visas.

MANUELA: (*Con extrañeza*). Nunca me imagine que ustedes se iban del país. No me habían dicho nada. Además, ¿acaso ustedes no eran simpatizantes del gobierno?

ALBERTO: Sí, eso fue al principio cuando muchos simpatizábamos con la revolución. Ahora todo es muy diferente. La compañía extranjera donde yo trabajaba la nacionalizaron hace tiempo y me quedé sin trabajo. Ahora tengo que trabajar en la agricultura porque, como presenté los papeles para marcharme del país, no me permiten trabajar en otra empresa como ingeniero. A veces no puedo venir todas las semanas, pero espero que el sacrificio valga la pena. Me he convertido en un desafecto, como ellos dicen.

CONSUELO: Y a la niña me la querían enviar a la Escuela al Campo. (*Con enojo*) ¿Cuándo se ha visto que una niña de trece años tenga que ir al campo a trabajar por cuarenta y cinco días, entre lombrices y tierra, dejar su casa, y convivir con gente desconocida en condiciones precarias? Nosotros no apoyamos a este gobierno para eso.

ALBERTO: Y, para colmo, hacen que todo el mundo repita que es un trabajo "voluntario" cuando la gran mayoría de todos los padres envían a sus hijos de manera obligada. Todos tienen miedo a perder sus empleos, lo poco o lo mucho que tengan, y ser tildados como elementos negativos en medio de esta oleada de cambios e incertidumbre .

MANUELA 1: ¡Qué horror! (*De momento, mira hacia las dos maletas y pregunta*) Y ¿qué significan las dos maletas? ¿Se van desde aquí para el aeropuerto o qué?

ALBERTO: No, todavía nos tienen que hacer el pre chequeo y contabilizar todo lo que tenemos. El día antes del vuelo, nos sellarán la casa, después de revisar que no nos hemos llevado nada de valor de nuestra propia casa. Por eso las subimos ahora que no había nadie en la escalera, para ver si podíamos guardar en tu casa algunos recuerdos, adornos de porcelana, fotos de la familia, joyas y algo de dinero que no estaba dentro de las cuentas del banco. ¿Nos puedes hacer el favor?

MANUELA 1: Por supuesto. ¿Están seguros de que nadie los vio en la escalera?

CONSUELO: Claro que sí, no había nadie. Además, recuerda que este edificio está libre de chivatos. Todos nos conocemos desde hace muchos años.

ALBERTO: Ya no se puede creer en nadie, pero quédate tranquila que no había nadie en la escalera ni en el pasillo.

CONSUELO: Y la señora que vive en el apartamento

C, la que vigila a todos los que suben y bajan a través de la mirilla de su puerta, salió al médico desde temprano en la mañana y no está en su casa.

MANUELA 1: Bueno, no se preocupen. Ella no es mala, simplemente tiene miedo y está pendiente de todo lo que pasa, por si acaso.

ALBERTO: Es demasiado pendenciera. (*Moviendo la cabeza, de un lado a otro, en señal de desaprobación*). A veces una persona así es más peligrosa que uno de estos integrados al régimen o un chivato de vocación.

MANUELA 1: Ya tengo muchas cosas guardadas de algunos parientes que se han marchado en los cuartos del fondo. Todos los armarios y un clóset ya están llenos, pero todavía me queda bastante espacio. Nunca abro esas ventanas y lo tengo todo bien sellado, cubierto con sábanas y toallas, para evitar que les entre la lluvia o el polvo. Imagínense, aquí tengo de todo, hasta obras de arte han dejado bajo mi custodia. (*Haciendo un ademán con la mano y dirigiéndose a Alberto*). Pasa sin pena, deja tus dos maletas allá atrás. Luego yo le pondré el nombre de ustedes. ¡Ojalá todos regresen pronto a recoger sus cosas y ustedes también!

CONSUELO: Ojalá que tus deseos se conviertan en realidad y que podamos volver pronto a nuestra casa y a nuestro país.

ALBERTO: No creo que esto dure mucho tiempo. ¡Todo es una verdadera locura!

MANUELA 1: Esperemos que sí. Ya llevamos cinco años en esto.

CONSUELO: No sabes lo que te agradezco. Tú eres una de las pocas personas de toda mi confianza. Aparte, es muy peligroso salir a la calle con dos maletas y no ser detectado. De esta manera, todo se queda aquí contigo hasta nuestro regreso.

ALBERTO: Lo mismo digo yo.

MANUELA 1: Les deseo un buen viaje y que todo les vaya muy bien en México. No dejen de escribirme y mantenerse en contacto conmigo.

(Se despiden con abrazos y palmadas en la espalda. Manuela 1 cierra la puerta, recorre el salón con su mirada y se queda pensando en voz alta).

MANUELA 1: Esteban, hace tanto tiempo que no sé de ti. ¿Por qué no me escribes? ¿Dónde estás? Ya hace dos años que te fuiste y aún no me has escrito una sola línea. ¿Acaso te ha ido tan mal? *(Sale de escena y se apagan las luces del escenario).*

• **Escena III** •

***1967**. Luces. Tocan a la puerta del apartamento. Sale Manuela de uno de los dormitorios y se dirige en dirección a la puerta principal. Abre la puerta. Sus sobrinos, Vitalina y Eugenio han venido a visitarla. Vitalina parece estar embarazada.*

MANUELA 1: ¡Mis queridos sobrinos! ¿A qué se debe ese milagro? (*Mientras los tres intercambian abrazos*). ¿Cómo no me avisaron antes para preparar condiciones?

VITALINA: No queríamos molestarte. Además, no hemos venido por mucho tiempo a La Habana.

EUGENIO: Mañana tenemos que hacer unos trámites y después nos vamos, pero antes pasamos para verte, saludarte y conversar contigo.

MANUELA 1: No me digan que se van enseguida. Por lo menos se pasarán esta noche conmigo.

VITALINA: Claro, tía, así lo haremos. Vamos a dormir hoy aquí y después de los trámites que tenemos que hacer mañana, nos regresamos a casa en avión. Pudimos conseguir unos pasajes en *Cubana*, pero para el regreso solamente.

MANUELA 1: (*Mirando con extrañeza a su sobrina*). Y tú ¿desde cuándo estás en estado? Mi hermana no me había dicho que estabas embarazada.

(*Los dos sobrinos se destornillan de risa*).

MANUELA 1: ¿Te casaste o qué?

EUGENIO: No, tía, no es lo que tú crees. (*Sigue riéndose*).

MANUELA 1: Entonces, ¿estás enferma Vitalina? ¿Qué te pasa? ¿Has engordado?

VITALINA: No, tía, es solamente una manera de camuflar las joyas que te hemos traído. (*Bajando el tono de voz e implorando silencio con el dedo sobre los labios*).

MANUELA 1: ¿Se van del país?

EUGENIO: Así es.

MANUELA 1: ¿Quiénes se van? ¿Todos o ustedes solamente?

EUGENIO: El núcleo completo.

VITALINA: Mamá no quería que nos dividiéramos.

EUGENIO: Sí, como han hecho otras familias.

VITALINA: Tenemos que salir antes de que Eugenio cumpla los quince años de edad.

MANUELA 1: ¿Qué edad tienes ahora Eugenio?

EUGENIO: Acabo de cumplir los catorce años.

MANUELA 1: Sí, no te queda mucho tiempo para poder salir sin problemas.

VITALINA: Todos estamos muy nerviosos en la casa y si Eugenio no puede salir, nadie va a poder salir del país.

EUGENIO: Tampoco así. Yo me puedo quedar con mi tía aquí.

VITALINA: Ni hablar. Tú sabes que eso no forma parte de nuestros planes.

MANUELA 1: Esta casa es de ustedes también. Si alguien quiere venir a vivir conmigo, solamente me lo tienen que decir.

VITALINA: Gracias, tía, pero no vinimos para eso.

EUGENIO: Ya mi papá consiguió que un amigo nos consiguiera las visas para irnos a Canadá, pero primero debemos viajar a Jamaica con otras visas de tránsito que nos consiguió. Y no me preguntes porque no sé.

MANUELA 1: ¡Qué complicado suena eso!

VITALINA: Sí, todo es bien complicado. Nuestros padres llegan esta noche.

MANUELA 1: ¿Cómo así?

VITALINA: Ellos decidieron que teníamos que viajar separados de ellos para no llamar la atención.

MANUELA 1: ¿Por qué tu mamá te expuso a traer todas las joyas de ustedes en tu vientre de falsa madre embarazada?

VITALINA: Pensamos en la posibilidad de que ella las trajera, pero era más fácil que con mi edad yo pasara por embarazada que ella. Lo principal era no despertar sospechas.

MANUELA 1: ¿Alguien los vio llegar?

EUGENIO: No había nadie en la puerta del edificio.

MANUELA 1: Menos mal.

VITALINA: Bueno, esto me molesta. (*Sacándose el paquete que había camuflado en el área del vientre de su pantalón y acto seguido se las entrega a su tía*).

MANUELA 1: Espero que todos vuelvan pronto a recoger sus cosas. Me he convertido en la celadora de los bienes de familiares y amigos. Ya casi no salgo a ninguna parte.

VITALINA: Bueno, creo que mi papá te va a dar un contacto para que le entregues las joyas y esa persona te dará un dinero, que a su vez, lo tendrás que entregar a una familia que tiene un pariente en los Estados Unidos. La familia recibirá aquí los pesos cubanos que tú les entregues y su pariente allá le enviará a mi papá el equivalente de esa cantidad en dólares a Canadá.

MANUELA 1: Eso es peligrosísimo. (*Espantada*).

VITALINA: Pero es la única posibilidad de que nosotros podamos tener algún dinero allá. Recuerda que no tenemos mucha familia en ese país.

MANUELA 1: De acuerdo. Si depende de mí, ustedes no van a carecer de nada en Canadá.

EUGENIO: La tía va a correr mucho peligro.

VITALINA: Sí, tengo mis dudas.

EUGENIO: Quizás no deberíamos involucrarla.

MANUELA 1: No se preocupen, yo los ayudo. Ya he ayudado a muchos otros anteriormente y ustedes son mi sangre, mi familia directa.

VITALINA: Te vamos a extrañar muchísimo.

EUGENIO: Sí, yo pienso lo mismo.

MANUELA 1: Y yo a ustedes.

(*Se abrazan y casi enseguida se separan*).

EUGENIO: Me gustaría que te fueras con nosotros.

MANUELA 1: Eso es imposible. Yo aquí tengo mi casa, mis cosas y ahora tengo que velar por los bienes de todos ustedes. Además, yo estoy esperando una carta muy importante que hace años espero. Si me voy de aquí, esa carta nunca llegaría a mis manos.

VITALINA: Nunca he conocido a una persona con un sentido del deber tan grande como tú. (*Pensativa*).

MANUELA 1: Bueno, no hablen muy fuerte. Vamos a guardar este nuevo encargo en un lugar seguro.

VITALINA: ¿En qué lugar sería?

EUGENIO: En los cuartos de atrás. ¿Acaso no sabes? Cuando se fue la tía Millo, ella guardó todo allí.

MANUELA 1: Vamos, dejen de hablar tanto que las ventanas están abiertas y nos pueden escuchar.

EUGENIO (*refunfuñando*): Pero si estamos en un cuarto piso.

MANUELA 1: Aquí nunca se sabe.

(Se dirige al tocadiscos y pone el mismo disco de boleros suaves que se escuchaba al principio de la primera escena. Luego se marchan juntos al interior del apartamento).

• Escena IV •

1968. Manuela 1 aparece sentada y dormitando en un sillón de la sala. De momento, se escucha un griterío y comienza a sentirse una música fuerte, interpretada por un cantante de moda, Pello "El Afrocán" y su ritmo "Arrímate pa'ca nené". En ese momento, Manuela 1 se despierta sobresaltada y se levanta del asiento como en estampida. Se dirige inmediatamente al balcón para investigar de dónde procede la bulla y comienza a hablar consigo misma.

MANUELA 1: ¡Dios mío! Este ruido parece que viene del piso de abajo, del apartamento que era de Consuelo y Alberto. En los últimos cuatro años sólo han venido algunas personas ocasionalmente a ese lugar, militares, gente del gobierno, y se quedaban por unos días, pero nadie había vivido de manera oficial. Ahora, de pronto, esto parece una invasión de todos los gritos al unísono. ¡Horror! Nadie me había avisado.

(Comienza a dar golpes con una sombrilla en el piso para ver si bajan el volumen, pero la música continúa bien alta. Ella mueve una de las butacas y la deja caer de lado, haciendo un ruido bastante fuerte. Pasan unos segundos y alguien toca a la puerta).

MANUELA 1: ¿Quién es?

MANUELA 2: Soy su nueva vecina, compañera.

MANUELA 1: ¿Qué? (*Abriendo la puerta levemente*).

MANUELA 2: Su nueva vecina, compañera. (*Sonríe*). Me acabo de mudar con mi familia a este edificio.

MANUELA 1: ¿Cómo dijo?

MANUELA 2: ¿No escucha bien? ¿Tiene algún problema con el oído?

MANUELA 1: La verdad es que no. Nunca he tenido problemas auditivos. Aquí el único problema es la bulla o música que viene desde su apartamento. No me deja escuchar.

MANUELA 2: Espere un momento, compañera. Voy a decirles a mis hijos que bajen la radio para poder conversar con usted. Vuelvo enseguida.

(Manuela 1 muestra signos de enfurecimiento).

MANUELA 1: ¿Qué se habrá pensado esta mujer? En cuanto regrese voy a poner las cosas en su lugar.

(Manuela 2 irrumpe de nuevo en escena, casi corriendo por la puerta de entrada que había quedado abierta. El volumen de la música baja).

MANUELA 2: Aquí estoy de nuevo, compañera. *(Mientras le extiende la mano).* Mi nombre es Manuela

Mora y le informo que acabo de mudarme esta tarde al apartamento del piso de abajo.

MANUELA 1: ¡Vaya casualidad! (*Le da la mano sin mucho ánimo*). Tenemos el mismo nombre. Lo único es que a mi nadie me llama compañera. Soy una maestra retirada desde el año 1959. Soy doctora en filosofía y letras por la Universidad de La Habana y estoy acostumbrada a que todas las personas se dirijan a mí de la manera siguiente: Doctora Manuela Ruiz del Olmo. ¿Entendió?

MANUELA 2: La verdad es que no. Me alegra saber que tengo a una persona tan estudiada como usted de vecina, pero, compañera, en este país la gente ya no habla así. (*Se ríe*).

MANUELA 1: A mí no me interesa si la gente en la calle habla de esa manera o no, a mí lo que me importa es que usted no me llame de esa forma. Ni usted ni yo somos amigas, ni nos conocemos de antes, ni estudiamos juntas, ni hemos trabajado juntas ni nada por el estilo. Ahora somos vecinas, pero nada más.

MANUELA 2: ¡Uff! No se ponga así. Si tenemos hasta el mismo nombre. Somos tocayas. ¿Qué le parece, compañera?

MANUELA 1: Esto va por mal camino. No se atreva a

dirigirse más a mí con un compañera de esos. Prefiero que me llame doctora a secas. (*La señala con el dedo*). Y no se atreva a faltarme el respeto.

MANUELA 2: A mí me resulta tan difícil llamarla doctora como a usted el que yo le diga compañera. ¿Por qué no nos llamamos tocayas y así evitamos problemas desde un comienzo?

MANUELA 1: La propuesta me parece confianzuda.

MANUELA 2: Pero así es más fácil.

MANUELA 1: Solamente se lo permitiré cuando estemos hablando entre usted y yo. Cuando estén otras personas delante, usted debe llamarme Doctora Manuela Ruiz del Olmo.

MANUELA 2: Bueno, no le prometo decirle así, pero lo voy a intentar. Todo depende de si me acuerdo o no.

MANUELA 1: Ahora que hemos puesto en claro lo de nuestros nombres y la manera como nos gusta que nos llamen y llamar a otros, le pido seriamente que mantenga el volumen de la radio bajo para que no moleste a los vecinos.

MANUELA 2: La música es la pasión de mi hijo Benny. Si le digo que no puede escuchar la radio como a él le gusta, se molestará conmigo.

MANUELA 1: Ese es problema suyo y de su hijo.

MANUELA 2: ¿Qué pasa? ¿Es que usted no tiene hijos o qué?

MANUELA 1: Eso no es relevante.

MANUELA 2: ¿Qué cosa está diciendo?

MANUELA 1: Lo que estoy diciendo es algo que no tiene nada que ver con lo que usted está hablando. Lo importante aquí es que cuando se vive en un edificio hay que mantener ciertas reglas de urbanidad y no se puede molestar a los otros vecinos con ruidos y música a todo volumen.

MANUELA 2: Ni que tuviera oídos de membrillo. ¡Caramba!

MANUELA 1: No, no tengo oídos de membrillo, ni me gusta el membrillo, pero sí me gusta el respeto. Y, a propósito, ¿cómo consiguió que le dieran este apartamento? Debe estar muy bien conectada con el gobierno. (*Insinuando algo turbio*).

MANUELA 2: El padre de mis hijos lo solicitó hace tiempo. Él es militar. Además, aquí en este edificio no existe un Comité de Defensa de la Revolución y hacía falta uno. Para que sepa, yo voy a ser la presidenta.

MANUELA 1: ¡Lo que faltaba! (*Indignada*).

MANUELA 2: Y me gustaría que usted se inscribiera en el comité. (*Sin inmutarse*).

MANUELA 1: Eso ni lo sueñe. ¡Jamás podrá contar conmigo para eso! (*Insultada*).

MANUELA 2: Me parece que usted es una burguesa equivocada.

MANUELA 1: Sí, soy un rezago de la burguesía que alguna vez habitó en este país. No me ofende con esa palabrería de moda. Le pido que se marche y que no me moleste más. (*La empuja hacia la puerta*).

MANUELA 2: Para que sepa, usted es un rezago de esa burguesía que estamos tratando de eliminar. (*Le grita mientras se marcha*). ¡Gusana!

(*El volumen de la música de Pello "El Afrocán" sube nuevamente. Manuela 1 se tapa los oídos con sus dos manos y se acuesta sobre el sofá*).

# ACTO II

ACTO II

• Escena I •

1972. Se abre el telón y Manuela 1 habla con dos amistades que han venido a visitarla: Remedios y Víctor. Están tomando café. De manera muy suave, como música de fondo, se escucha el mismo disco de boleros que se ha escuchado en otras escenas previas.

MANUELA 1: Y nosotros que nos quejábamos de Machado... ¿Se recuerdan cuando nos fuimos a la huelga todos los maestros en el treinta y tres?

VÍCTOR: ¡Qué tiempos aquellos! La famosa huelga del treinta y tres. ¡Vaya si me recuerdo!

REMEDIOS: Es verdad que muchos nos quedamos sin empleo enseguida, pero por lo menos nos dimos el gusto de protestar.

MANUELA 1: Fue una época hermosa. La mayoría de mis buenas amistades las conocí durante esa huelga. También conocí a Esteban en esa oportunidad.

(*Sin darse cuenta, a Manuela 1 se le ha escapado el comentario incriminatorio delante de sus amigos*).

REMEDIOS: ¿Quién es Esteban? No conozco a nadie del grupo que se llamara así. ¿Era un maestro?

MANUELA 1: No, Esteban es un buen amigo que conocí en esos días y que ayudó a muchos maestros que, como yo, estábamos sin empleo y sueldo.

VÍCTOR: Suena como una buena persona.

MANUELA 1: Sí, lo era.

VÍCTOR: ¿Falleció?

MANUELA 1: No lo sé realmente. Es posible que sí. Salió hace mucho tiempo del país y no he sabido más nada de él.

REMEDIOS: A mí me ha pasado así con muchas personas. Después que han salido, no he vuelto a saber de ellos.

VÍCTOR: A propósito, ¿cómo sigue tu familia? ¿Has sabido de ellos?

MANUELA 1: Sí, ellos siempre me escriben.

VÍCTOR: Y ¿te llaman?

MANUELA 1: A veces me llaman, pero poco. Las llamadas son difíciles de conseguir y tienen que estar un día entero o dos al lado del teléfono, marcando y marcando, para poder conectarse con una operadora. Todos trabajan mucho y no tienen el tiempo para hacer eso. Lo más fácil es la correspondencia, pero lo único malo es que se demoran tres y cuatro meses.

REMEDIOS: Cierto, las llamadas telefónicas son muy difíciles de conseguir. En mi caso, ni las puedo recibir porque mi hija está casada con un militante y no nos permiten recibir llamadas de los familiares que viven en el Norte.

MANUELA 1: Yo tenía entendido que tu hija y su marido vivían contigo en tu casa. ¿No es así? (*Le sirve más café*).

REMEDIOS: Gracias por ese cafecito tan rico. (*Bebe el café de un sorbo y sigue conversando*). Así es, pero de igual forma, sea la casa mía o de ellos, si él está viviendo conmigo, yo no puedo recibir ese tipo de llamadas.

MANUELA 1: Entonces, eso quiere decir que no puedes hablar con tus hermanos que están viviendo en Nueva York aunque ellos te llamen a tu número de teléfono, que tú pagas, y en tu propia casa.

REMEDIOS: Sí, desde que mi hija se casó no he podido hablar con ellos. (*Con gesto afirmativo*).

VÍCTOR: ¡Qué barbaridad! Estás en tu casa y tienes que hacer lo que te imponga un arrimado.

REMEDIOS: ¿Qué otra cosa puedo hacer? Es mi hija y no puedo echarla a la calle. Además, están mis nietos de por medio.

MANUELA 1: A lo que hemos llegado. Por eso yo casi no salgo de esta casa. Aquí tengo todo lo que necesito y, sobretodo, aquí tengo lo más importante que es mi independencia. (*Reflexiona y se retracta de forma inmediata*). Claro, que me habría gustado tener hijos y nietos, pero con todo lo que está pasando, casi prefiero estar sola.

VÍCTOR: Es casi preferible.

REMEDIOS: Lo peor fue el día de la muerte de mi madre. Ese dolor me está consumiendo. Mi yerno salió al teléfono y uno de mis hermanos estaba llamando para hablar conmigo sobre los detalles de su muerte y de cómo iba ser su funeral, pero él contestó diciendo que en mi casa no se recibían llamadas de los Estados Unidos y le colgó.

MANUELA 1: Y ¿qué pasó? ¿Acaso te preguntó o te consultó algo?

REMEDIOS: No, eso no forma parte de su disciplina como militante. El hace lo que le dicen que tiene que hacer y no cuestiona nada.

VÍCTOR: Menos mal que mis hijos y sus esposas no viven conmigo. Yo no soportaría eso.

MANUELA 1: Yo tampoco. ¡Qué horror!

REMEDIOS: Pero, ¿qué voy a hacer? Es mi única hija y ese es el esposo que escogió.

VÍCTOR: Lo sentimos por ti.

MANUELA 1: Se me ocurre que si en alguna oportunidad quieres hablar con los tuyos, dales mi número de teléfono, te pones de acuerdo con ellos y te pasas un día o dos conmigo, hasta que recibas la llamada.

REMEDIOS: ¡Qué buena idea! Mil gracias por ofrecerme tu teléfono. Les voy a escribir y les contaré sobre esta conversación contigo. Ellos te conocen y estarán encantados de saludarte también.

MANUELA 1: Será un placer.

VÍCTOR: Bueno, yo me tengo que marchar ahora para llegar temprano a casa.

REMEDIOS: Yo también me marcho con Víctor, para llegar antes que mi hija salga del trabajo. Siempre me gusta esperarla, al igual que a los nietos, para atenderlos y darles de comer.

MANUELA 1: Espero que se repita pronto la visita. A ver si nos ponemos de acuerdo para jugar un partido de canasta como en los viejos tiempos.

REMEDIOS: Hace tanto tiempo que no juego canasta que no sé si me acuerdo.

VÍCTOR: Yo tampoco.

MANUELA 1: Estoy segura de que lo recordarían enseguida. Todos los meses nos reunimos un grupo de cuatro amigas o más, para jugar canasta hasta el amanecer. A veces vienen algunos amigos.

REMEDIOS: ¿Hasta el amanecer?

MANUELA 1: Sí y el equipo perdedor le tiene que pagar el desayuno en algún restaurante cercano, como El Potín o El Carmelo, al equipo ganador.

REMEDIOS: Me encanta la idea, pero me tendría que

quedar esa noche a dormir por acá. ¡Qué aventura! Le digo a mi hija que no voy a cocinar ese día y se acabó.

MANUELA 1: De acuerdo. Me llamas y te aviso del próximo encuentro de canasta.

VÍCTOR: Y el Comité de Defensa que tienes aquí debajo no te da problemas con esas reuniones.

MANUELA 1: Hasta ahora no, pero nunca se sabe. Yo solamente me reúno con mis amigas una vez al mes. Por el contrario, ellos son los que me molestan a mí con el ruido de la radio todo el día. (*Se lleva las manos a la cabeza*). Si no me ponen la estación de música popular, me ponen la estación de Radio Reloj que repite las mismas noticias sin parar. Tanto que, a veces, me encierro todo el día en el cuarto del aire acondicionado, para poder leer un poco sin distracción.

VÍCTOR: Pero hoy no lo han hecho. No hay ruido.

MANUELA 1: Sí, es bastante raro. Deben de haber salido de la casa.

REMEDIOS: Por lo menos pudimos conversar sin problemas. Me ha dado mucho gusto.

MANUELA 1: Y a mí también. No pierdan la buena costumbre de venir a verme. Estoy muy sola.

VÍCTOR: Hasta pronto.

REMEDIOS: Te prometo que no me demoraré en volver.

(Se despiden con abrazos y besos. Todos salen de escena y se apagan las luces).

• Escena II •

1975. Luces. Manuela 1 trata de colocar unas cajas en una esquina, detrás de un parabán que tiene como nuevo aporte en la decoración de la sala, mientras que tararea uno de los boleros del mismo disco de escenas previas. Manuela 2 y Lázaro, vestido de militar, tocan a la puerta. Manuela 1 les abre la puerta y los hace entrar un poco sorprendida por la visita.

MANUELA 1: Buenos días.

MANUELA 2: Buenos días. (*Haciéndose la seria*).

LÁZARO: Me imagino que usted es la compañera Manuela Ruiz del Olmo. Necesitamos hablar con usted para ponernos de acuerdo en varios puntos.

MANUELA 1: No, le rectifico, yo soy la Doctora Manuela Ruiz del Olmo, maestra retirada y rezago certificado de la burguesía nacional. ¿Existe algún problema? (*Desafiante*).

LÁZARO: No precisamente, pero hay varias cosas que tenemos que aclarar. (*Intimidante*).

MANUELA 1: Sí. Y, ¿de qué se trata?

LÁZARO: Tenemos una denuncia en contra de usted que, de no aclararse, voy a tener que proceder a dar parte a la policía nacional revolucionaria, la PNR.

MANUELA 1 (*muerta de miedo*): ¿Y qué he hecho yo para merecer esa acusación, cuando apenas salgo de esta casa?

LÁZARO: Bueno, eso es lo que dice usted, pero aquí se reúnen una serie de elementos anti-sociales todos los meses que están muy sospechosos. Ya la hemos estado observando y escuchando detenidamente. No sabemos en lo que usted está precisamente, pero aquí hay algo muy raro.

MANUELA 1: ¡Ah! Por esa razón es que ustedes quitan la música cuando recibo visitas, para escuchar lo que hablo con mis amistades y familiares. ¡Qué horror! ¿Y ustedes no tienen nada mejor que hacer?

LÁZARO: Nos preocupa muchísimo la acusación que hemos recibido en contra de usted y no podemos dejar pasar esta situación, sin averiguar lo que está pasando. Todo da la impresión de que aquí la contrarrevolución está preparando algo y tenemos que estar con la guardia en alto. Así que, confiese ahora, antes de que la cosa se ponga peor.

MANUELA 2: Y, para colmo, las reuniones son siempre de madrugada, hacen ruido y no nos dejan dormir. (*Con actitud suspicaz*).

MANUELA 1: En primer lugar, no tengo nada que aclarar. Soy una maestra retirada. Las únicas visitas que recibo son las de mis amigos maestros, todos retirados desde hace años, y las de mi familia. ¿Qué tiene de malo eso? (*Desafiante*).

LÁZARO: Las visitas no tienen nada de malo, pero esas reuniones de madrugada. Eso está muy raro.

MANUELA 2: Además, no nos dejan dormir bien porque tenemos que estar pendientes de lo que hablan.

MANUELA 1: Esto es el colmo. El chisme disfrazado de espionaje barato. (*Se ríe con ira contenida*).

MANUELA 2: Mire Tocaya, no me ofenda. Nosotros estamos defendiendo a la patria de cualquier ataque.

LÁZARO: Además, usted no sabe que las reuniones en este país tienen que estar autorizadas por el Comité de Defensa de la Revolución, precisamente para evitar cualquier irregularidad.

MANUELA 1: Pues si lo que les pasa es que están interesados en saber lo que yo hago de madrugada, les diré que una vez al mes juego canasta con un grupo de viejas amigas. No sé si lo conocen. Es un juego de mesa y el único propósito es divertirnos y pasarla bien.

MANUELA 2: Pero mi hijo dice que también ha visto a algunos hombres entrar aquí, lo que se presta a algún tipo de inmoralidad.

MANUELA 1: Ahora me doy cuenta de quien es el acusador, su hijo ¿verdad? Ya sabía yo que la cosa venía de cerca. Lo único que faltaba es que empezaran a decir que tengo una casa de cita en este apartamento. (*Indignada*). Miren señores, ¿no se dan cuenta de que su hijo lo único que está haciendo es tratar de crear una situación para que yo no me queje más de la bulla insoportable que él mantiene día a día con su radio a todo volumen, como si quisiera compartir sus gustos musicales con el vecindario?

LÁZARO: Sí, es él, pero no por eso la acusación deja de ser menos válida. Él es un ciudadano digno de esta Revolución. (*Con actitud altiva*).

MANUELA 2: Mire Tocaya, si usted se hubiera inscrito en el Comité, asistiera a las reuniones, hiciera algunas guardias y nos informara de las fiestas que hace en su casa, esto no habría pasado.

MANUELA 1: De una vez y por todas les diré que aquí no está pasando nada. Por si no lo saben, este apartamento es mío y está totalmente pago. Estoy aquí desde que hicieron el edificio, mucho antes de la revolución. Soy una maestra retirada y mi retiro es un retiro histórico, una cantidad mucho más contundente que el sueldo que pueden ganar ustedes dos juntos. Si una vez al mes me reúno con algunos amigos que se acercan a jugar canasta hasta las tantas, eso no tiene nada de malo. Si lo que le molesta a su hijo es el ruido de nuestras voces, le diré a mis amigos que no hablen tan alto. ¿Qué más quieren saber? (*Enojada*).

(*Lázaro camina alrededor de la mesa de centro de la sala y descubre un cartucho lleno de cajetillas de cigarros. Agarra una de las cajetillas en su mano*).

LÁZARO (*acercándose a Manuela 1*): Y ¿esto qué? ¿Acaso usted se dedica al contrabando de cigarros?

MANUELA 1: No me hace falta. Ni fumo ni me hace falta el dinero. He acumulado todas esas cajetillas, mes tras mes, de las que me tocan por la libreta para poderlas cambiar por leche condensada u otros productos de mi interés. (*Tratando de razonar con ellos*). ¿Es que ustedes no saben que las personas hacen esas cosas en este país?

MANUELA 2: Claro que sí, Tocaya. (*En un cambio de actitud súbita*). Hace tiempo que yo ando buscando a una persona que me cambie el cigarro por la leche condensada porque tres de mis muchachos están en la beca y ya no comen aquí. (*Se acerca a las cajetillas de cigarro y agarra una en la mano*). ¿Le gustaría intercambiar productos conmigo?

MANUELA 1: No tengo ningún inconveniente. Yo también estaba buscando a una persona con quien intercambiar todos los meses los productos que no me interesan. Con usted me resulta muy fácil porque estamos cerca en el mismo edificio y no tengo que ir a ningún lugar. Llévese todas esas cajetillas y después usted me trae el equivalente en latas de leche condensada o evaporada, me da igual. ¿Qué le parece?

MANUELA 2: Esta es mi salvación. Me pongo muy nerviosa cuando me falta el cigarro. (*Contenta*).

LÁZARO: Bueno, si ya se aclaró todo, entonces me voy. No hay más nada que hablar. Solamente trate de avisarnos un día antes de su juego de canasta.

MANUELA 1: ¿Les puedo ofrecer un café? (*Los detiene al salir, con esta invitación*). Ese es otro de los productos que casi no consumo. A mí me gusta el té.

MANUELA 2: Eso siempre se agradece. Para mí el café es lo más grande que existe en la vida. (*Más contenta todavía*).

LÁZARO: Y yo, si no tomo una taza de café por la mañana me da un dolor de cabeza muy fuerte. Muchas gracias, compañera.

MANUELA 2: No le digas compañera, a ella no le gusta que le digan así. (*Se dirige a Lázaro en actitud enojada*). Dile doctora o vecina.

LÁZARO: No me acordaba de eso. (*Encogiéndose de hombros*). Gracias, doctora.

MANUELA 1: Por nada, vengo enseguida con el café para ustedes. (*Se sonríe con aire triunfal*).

(*Manuela 1 entra en dirección a la cocina a buscar el café. Manuela 2 y Lázaro se sientan a esperar en unas sillas de la sala*).

• **Escena III** •

1979. Manuela 1 está tomando una siesta en el sofá de la sala. Cada vez tiene más cajas acumuladas en una esquina detrás del parabán. El decorado y los muebles siguen iguales, pero el deterioro de los mismos es evidente. Alguien toca a la puerta de una manera insistente, interrumpiendo su siesta.

MANUELA 1: ¡Ya voy! (*Molesta*). Espero que no sea alguien del edificio. Todo el mundo sabe que yo duermo mi siesta a esta hora. ¡Caramba! En este país ya no se puede tomar una siesta como Dios manda.

(*Desde afuera se escuchan voces que la llaman al unísono por su nombre*).

GERTRUDIS: ¡Tía Manuela! Abre, abre pronto.

FERNANDO: ¡Tía Manuela! Somos nosotros, tus sobrinos que hemos venido a visitarte.

MANUELA 1: No puede ser lo que estoy pensando. (*Se apresura en llegar a la puerta y se demora un poco en abrirla por el nerviosismo que tiene*).

(*Al fin puede abrir la puerta y sus sobrinos Gertrudis y Fernando entran, la besan y abrazan a la vez*).

GERTRUDIS: Mi querida tía, ¡qué maravilla poder verte de nuevo!

FERNANDO: Sí, tía. ¡Estás igualita! El tiempo no pasa por ti.

MANUELA 1: ¡Qué sorpresa! Si no hubiera sido por las fotos que Millo siempre me manda en sus cartas, no los habría reconocido. ¡Qué grandes están!

GERTRUDIS: Mi mamá también ha mantenido una foto tuya en el comedor de la casa, para que todos nos recordáramos siempre de ti. Ella quiere venir a verte, pero por ahora no puede por un problema de salud.

MANUELA 1: ¿Qué le pasa a mi hermana?

FERNANDO: Tiene que operarse del corazón.

MANUELA 1: No me había dicho nada en sus cartas. ¿Es grave? (*Con mucha preocupación en la voz*). ¡Qué barbaridad!

GERTRUDIS: Bueno, es algo muy delicado, pero a muchas personas le han hecho esa operación y están muy bien.

MANUELA 1: Pero, díganme, ¿qué es exactamente lo que le pasa a mi hermana?

FERNANDO: Mami te lo explica todo en una carta que te mandó con nosotros. (*Busca en su equipaje y le extiende la carta*).

MANUELA 1: Y ¿cómo se embullaron para venir? (*Toma la carta y la deja sobre la mesa para leerla más tarde*).

GERTRUDIS: Con esto de la apertura de los viajes, todo el mundo está viajando a Cuba ahora. Nosotros teníamos mucho deseo de volver a nuestro país de origen. No nos recordábamos mucho de las cosas.

MANUELA 1: ¿De qué se van a recordar si se fueron unos niños?

FERNANDO: Además, queríamos verte, saber cómo estabas y estar aquí contigo unos días.

MANUELA 1: ¿Aquí? Bueno, les tengo que confesar que, desde hace mucho tiempo, tres de los cuatro cuartos del apartamento están clausurados por la cantidad de cosas que he guardado dentro de los mismos. Es tanto lo que tengo a mi cuidado, que los últimos encargos están detrás de ese paraban porque ya no me caben más cajas en los cuartos. Incluso, hasta cosas de tu madre y de ustedes, de tu otra tía, de tus primos, de todas las amistades que se han ido.

GERTRUDIS: Entonces, no nos podemos quedar aquí. (*Con desánimo*).

MANUELA 1: No, al contrario. Ustedes se quedarán en mi cuarto porque los dos caben en la cama que es bien grande y yo dormiré aquí en el sofá (*señalando hacia el mueble*).

GERTRUDIS: ¡Qué bueno! Igual que cuando éramos niños.

FERNANDO: Por cierto, tía, aquí tengo otra carta para ti. Te la envió un tal Esteban que vive en Puerto Rico. (*Se la entrega en sus manos*).

MANUELA 1: ¡¿Esteban?! (*Sin poder dar crédito a lo que oía*). ¡Que Esteban me envió una carta!

GERTRUDIS: ¿Qué pasa? Te has puesto pálida de momento, como si el tal Esteban fuera un aparecido.

MANUELA 1: Casi lo es. (*Disimula con gran esfuerzo su alegría y asombro. Guarda la carta en un bolsillo*). Yo pensaba que había muerto hace tiempo.

FERNANDO: Pues no, no está muerto, está muy bien.

Por supuesto, es un señor mayor, pero luce bien fuerte. El año pasado visitó a mi mamá y cuando supo que nosotros íbamos a venir para acá con los vuelos de la comunidad, nos entregó esta carta para ti.

GERTRUDIS: ¿Acaso es un novio tuyo o algo así? (*Acercándose a la tía y hablándole por detrás*).

MANUELA 1: Niña, ¡qué cosas hablas! Ese señor es una vieja amistad que me dejó varias cosas para que yo se las cuidara hasta su regreso, como tantas otras amistades. (*Disimulando*). Ya tengo muchos deseos de que todos vuelvan y que recojan sus cosas. Mi casa ha dejado de ser un apartamento de lujo para convertirse en un almacén de lujo en un cuarto piso.

(*Los dos sobrinos se ríen de la ocurrencia de la tía*).

FERNANDO: Además, por todo lo que he leído en la prensa y por lo que nos han contado nuestros padres, pienso que esa es una responsabilidad muy peligrosa. Hasta te pueden coger presa.

MANUELA 1: Cuidado con lo que hablan. Aquí las paredes oyen. (*Se lleva el índice a la boca en señal de silencio*). Estoy de acuerdo contigo, pero no sé cómo deshacerme de todo lo que he acumulado.

FERNANDO: Muy sencillo. Por ejemplo, nosotros no queremos nada de lo que tú guardaste hace años, salvo las fotos familiares.

GERTRUDIS: Al regreso las podemos llevar con nosotros.

MANUELA 1: ¿Y las prendas? ¿Se las van a llevar también?

FERNANDO: No, eso no. Imagínate que cuando llegamos al país, tuvimos que escribir una declaración de la cantidad total del dinero, así como de todos los artículos electrónicos y prendas que traíamos. Y, nos advirtieron, que las teníamos que llevar de regreso con nosotros, que no podíamos dejárselas a nadie.

MANUELA 1: Eso es increíble. Ahora sí. No voy a poder deshacerme de los dólares ni de las prendas.

FERNANDO: Véndelas tía, cómprate cosas aquí y no estés sufriendo por eso. Si no puedes en el mercado regular, hazlo en el mercado negro.

GERTRUDIS: No lo vas a poder hacer de golpe, pero sí lo puedes empezar a hacer poco a poco.

MANUELA 1: También tengo pesos cubanos. Lo que haremos esta semana es lo siguiente, los tres vamos a ir todos los días a comer a un restaurante diferente de La Habana. Hasta ahora se pueden usar los pesos cubanos para eso.

GERTRUDIS: Pero me han dicho que en todos los restaurantes hay muchas colas.

MANUELA 1: Eso es para los que no pueden pagarle a una persona que haga la cola por ellos y, de paso, les coja el turno. (Con orgullo). En mi caso, yo tengo una red de personas que se dedican a hacer la cola desde por la madrugada, cosa que yo a mi edad no puedo hacer. Luego les pago por la diligencia y no tengo que pasar el trabajo ese.

FERNANDO: Ves, tía. Ese es el tipo de cosa que puedes hacer con todo el dinero que tienes en esta casa y que no te deja descansar bien.

MANUELA 1: Bueno, lo puedo hacer con el dinero de ustedes y de mi otra hermana, pero con las pertenencias de mis amistades no me atrevo. Tendrían que decírmelo ellos en persona.

FERNANDO: Sí, que lo hagan en persona porque una carta sería muy incriminatoria.

GERTRUDIS: Tía, me quiero bañar. ¿En dónde dejo mi equipaje?

MANUELA 1: En mi cuarto, el primero a la derecha, no sé si te acuerdas. Desde hoy, tu cuarto.

GERTRUDIS: Sí, perfectamente.

FERNANDO: Yo también voy a tratar de bañarme para refrescar. ¡Qué calor hace! Y ¿qué pasó con tu aire acondicionado?

MANUELA 1: Se rompió hace varios años. También el calentador de gas, por lo que les aviso que se tendrán que bañar con agua fría.

FERNANDO: No importa, hace mucho calor. Estoy muy contento de estar aquí contigo.

(*Fernando se acerca a Manuela 1 y le da un fuerte abrazo y un beso. Los dos sobrinos salen de escena, en dirección al cuarto principal, con todo su equipaje. Manuela 1 saca la carta de Esteban que guarda en su bolsillo y se abraza a ella. Camina hacia una esquina*).

MANUELA 1: ¡Por fin, Esteban! ¡Por fin!

(*Música de bolero. Cambio de luces*).

ACTO III

ACTO III

• Escena I •

1982. Luces. Manuela 1 entra en su apartamento, después de un viaje por varias ciudades de los Estados Unidos y Puerto Rico. Deja las maletas en medio de la sala. Se escucha un bolero como fondo musical. La puerta ha quedado entreabierta y entra Manuela 2 en escena.

MANUELA 2: Tocaya, ¡qué bueno verla! Pensé por un momento que no iba a volver. (*La abraza*).

MANUELA 1: ¿Por qué no iba a volver?

MANUELA 2: Es lo normal. La mayoría de los que van de visita a los Estados Unidos nunca vuelven. Tienen a su familia por allá, aquí están pasando trabajo y no tienen todo lo que pueden tener por allá…

MANUELA 1: No se engañe a sí misma.

MANUELA 2: ¿Por qué me dice eso? (*La mira con mucha extrañeza*).

MANUELA 1: ¿Qué edad usted piensa que tengo?

MANUELA 2: Cincuenta o sesenta, quizás.

MANUELA 1: Se ve que estás esperando un regalo porque de otra manera, a nadie se le ocurre decir que yo luzco de cincuenta o sesenta años de edad.

MANUELA 1: ¿Cómo va a decir eso?

MANUELA 1: Porque la conozco bien, son muchos los años que hemos vivido en este edificio.

MANUELA 2: No me haga sentir mal. Usted luce muy bien de verdad. A ver, ¿qué edad tiene?

MANUELA 1: Es una mala costumbre preguntar la edad. Pero como la conozco bien y sé que no va a descansar hasta que se entere de mi edad, la voy a complacer. Tengo 75 años recién cumplidos.

MANUELA 2: Pues no lo diga porque luce mucho más joven de la edad que tiene.

MANUELA 1: Y, ¿qué gano con eso?

MANUELA 2: La verdad es que no lo sé.

MANUELA 1: Ve lo inútil que es ocultar la edad.

MANUELA 2: Usted siempre me gana, siempre tiene la razón, pero qué tiene que ver la edad con su regreso.

MANUELA 1: En siete palabras: NO QUIERO SER UNA CARGA PARA NADIE.

MANUELA 2: ¿Cómo así?

MANUELA 1: Cuando mi hermana me envió la carta de invitación, mis sobrinos y mi cuñado tuvieron que firmar una serie de planillas y papeles para asegurarle al gobierno que si yo me quedaba, después no iba a pedirle nada al gobierno de ese país.

MANUELA 2: Y eso ¿qué tiene de malo?

MANUELA 1: Pues que a mi edad lo más normal es que yo me enferme de algo y, si me pasaba algo, los que tendrían que asumir mis gastos y deudas médicas en los primeros cinco años iban a ser ellos.

MANUELA 2: Pero si usted tiene una salud muy buena. Nunca se enferma.

MANUELA 1: Y si me pasaba algo dentro del plazo de los cinco años, por una de esas casualidades, entonces los responsables iban a ser ellos. ¡Imposible!

MANUELA 2: ¡Qué terrible! Yo habría aprovechado.

MANUELA 1: ¡Tocaya! ¿Qué está diciendo? Me asombra oírla decir eso. Usted, tan revolucionaria.

MANUELA 2: Todo en la vida tiene un límite y yo creo que llegué al mío.

MANUELA 1: A ver, (*le hace una señal para que se siente con ella en la sala*) ¿qué le ha pasado en estos meses en que he estado ausente del edificio?

MANUELA 2: El padre de mis hijos me dejó por otra, una jovencita que es teniente en el ejército. (*Se pone a llorar*). El colmo es que viene hasta la casa con ella cuando viene a ver a los muchachos y no le importa si yo estoy presente o no.

MANUELA 1: ¡Increíble! Y yo que pensaba que ustedes se llevaban tan bien.

MANUELA 2: Al principio sí, pero después él venía cuando quería y no tenía momento fijo para aparecer.

MANUELA 1: Un momento. ¿Lázaro no vivía todo el tiempo en este edificio, en tu apartamento?

MANUELA 2: No, él vivía con su esposa y sus hijos del matrimonio en una casa por Luyanó. Aquí venía de vez en cuando a verme, a ver a los muchachos y a traerme algo de dinero, pero no mucho.

MANUELA 1: No te puedo creer. Y yo que pensé todos estos años que ustedes eran un matrimonio normal. Entonces, ¿Lázaro se divorció de su mujer de Luyanó o qué?

MANUELA 2: No, para nada. Todavía sigue con la esposa y la tenientica esa es una nueva amante. Claro, como ahora estoy más vieja y gorda, ya no quiere nada más conmigo. Espero que la sinvergüenza esa le dé un buen tiro en la cabeza cuando le haga lo que me ha hecho a mí. ¡Desgraciados!

MANUELA 1: No diga eso. Nunca se le debe desear la muerte a otra persona. Y, recuerda, él es el padre de tus hijos. Además, aquí el único sinvergüenza es él. (*Hace una pausa*). Pero, dígame una cosa, con el sueldo tan miserable que tienen los militares sin rango, ¿cómo podía mantener dos casas y tantos hijos?

MANUELA 2: Él nunca nos mantuvo. Al contrario, siempre llegaba a picar lo que fuera, a ver lo que yo le podía dar de comer o me pedía cigarros o algún dinero.

MANUELA 1: Pero tú llevas años sin trabajar. ¿Cómo te las arreglas para mantener a tus hijos y pagar los gastos de la casa?

MANUELA 2: Se ve que usted no sale mucho de este apartamento y no se entera de las cosas. Desde que vine a vivir a este edificio he estado lavando y planchando para todos los vecinos. Incluso, algunos que están mal de salud o un poco viejos, me dan su libreta de abastecimiento y les busco las compras de la bodega todos los días. Tocaya, yo siempre resuelvo.

MANUELA 1: Y, ¿por qué nunca me habló de los servicios a domicilio que usted ofrece en el edificio?

MANUELA 2: Porque usted siempre tiene personas que la ayudan a comprar las cosas y no sabía si necesitaba a alguien más que le lavara y le planchara a domicilio.

MANUELA 1: Pues, de ahora en lo adelante, necesito que me ayude con todo eso y yo le pagaré bien. Ya tengo setenta y cinco años y no quiero fatigarme más. Apenas me quedan unos pocos primos en el país y mis amistades están envejeciendo velozmente.

MANUELA 2: Por mí, encantada, pero ¿está segura de que su retiro le va a dar para pagar por todos los servicios?

MANUELA 1: Eso y más. Durante mi viaje me notificaron que había heredado una fortuna y no lo sabía.

MANUELA 2: Estoy confundida. Ahora no entiendo.

Si usted heredó una fortuna, ¿para qué volvió aquí si podía haberse quedado con su familia por allá? No decía que no quería ser carga para nadie, pues ahí tenía la solución en sus manos.

MANUELA 1: No precisamente. La cláusula para heredar la fortuna era volver a Cuba para disfrutarla aquí. Si me quedaba por allá, la perdía para siempre.

MANUELA 2: Ahora entiendo. Bueno, Tocaya, cuente conmigo, con dinero o sin dinero. Yo la aprecio igual. (*Se levanta y hace ademán de marcharse*).

MANUELA 1: Espere, no se vaya, le tengo que dar el encargo que me pidió. (*Saca un paquete de una bolsa y se lo entrega*).

MANUELA 2: ¡Qué maravilla! El desrizador de pelo que le pedí. (*Lo toma y lo mira con orgullo*). Este sí que es bueno.

MANUELA 1: Pues disfrútelo. Por ahí le traje otras cosas para los muchachos. Más tarde se las daré.

(*Sale Manuela 2 con su regalo en mano y Manuela 1 cierra la puerta del apartamento tras su salida. Se apagan las luces y se cierra el telón*).

• **Escena II** •

1989. Se abre el telón. Es de tarde y Manuela 1 está viendo la televisión. El apartamento luce moderno, arreglado y todo se ve limpio. Ya no están las cajas de la esquina ni el parabán de años atrás. Tocan a la puerta. Se levanta y abre. Benny y Caridad, los hijos de Manuela 2, irrumpen en la sala anegados en llanto.

MANUELA 1: ¿Qué les pasa, muchachos? Por la cara que traen no es nada bueno.

BENNY: Mi mamá está muerta. Le ha dado un infarto (*Llorando*).

CARIDAD: Doctora, estamos desesperados. (*Solloza*). No sabemos qué hacer. Ella ha sido todo para nosotros.

MANUELA 1 (*abrazándolos*): No puedo creerlo. ¿Cuándo pasó eso? Ella estaba tan bien hoy por la mañana. (*Comienza a llorar también*).

BENNY: Se la acaban de llevar para la funeraria. ¿Podríamos usar su teléfono para avisarle a la familia?

MANUELA 1: Por supuesto. Vayan a mi cuarto y hablen tranquilamente desde allí.

(*Los hijos de Manuela 2 salen de escena en dirección al interior de la casa. Manuela 1 camina lentamente, se seca las lágrimas y apaga la televisión*).

MANUELA 1: Me vas a hacer falta, Tocaya. Mira que peleamos y nos odiamos al principio, pero ahora que habíamos logrado tener una amistad saludable, después de tantas cosas, te vas así y sin despedirte. (*Solloza*). Te habría contado tantas cosas. Las que nunca me he atrevido a contar a amiga alguna. Pienso que tú me habrías entendido porque pasaste por situaciones similares a las mías, aunque nunca lo supiste. (*Se sienta en uno de los sillones y llora*). Ahora me siento totalmente sola. La mayoría de mis amigos están muertos, mis hermanas están muy mal de salud y lejos, mis sobrinos tienen sus propias preocupaciones...

(*Caridad, que ha regresado del cuarto, la escucha
y se le acerca despacio por detrás,
poniéndole una mano sobre el hombro*).

CARIDAD: Usted no está sola, doctora, para eso estamos nosotros aquí. Mi mamá siempre nos dijo que si a ella le pasaba algo, que no nos olvidáramos de usted. Y, además, ella decía que usted no nos iba a desamparar tampoco.

MANUELA 1: Gracias, Caridad, por esas palabras. (*Le toma las manos entre las suyas*). Yo soy una anciana de ochenta y dos años, pero mientras tenga vida los voy a ayudar como pueda.

CARIDAD: Yo también le digo lo mismo. Cuente conmigo. Desde el lunes próximo la vengo a ayudar con todas las cosas en que mi mamá la asistía. No se preocupe.

MANUELA 1: ¿En cuánto les sale el funeral?

CARIDAD: Eso es lo que está averiguando Benny por teléfono.

MANUELA 1: No se preocupen. Yo me encargo de todo el gasto.

CARIDAD: ¡Qué pena con usted, doctora! Pero la verdad es que se lo agradezco porque nosotros no tenemos condiciones. Encima de la desgracia de la muerte de mi madre, no tenemos ni un solo peso para asumir este gasto. Siempre hemos vivido con lo justo.

MANUELA 1: Ninguna pena, para eso estamos los vecinos ¿no? Además, llegamos a ser buenas amigas.

CARIDAD: Muchas gracias. (*Le da un beso en cada mejilla a la anciana*).

(*Benny acaba de salir del cuarto y escucha lo que hablaba su hermana con Manuela 1*).

BENNY: Gracias, doctora, no sé cómo agradecerle todo lo que ha hecho y hace por nosotros.

MANUELA 1: Váyanse ahora, no dejen el cadáver de la Tocaya mucho tiempo solo en la funeraria. Yo me voy a vestir y, dentro de un rato, hablaré con el vecino del segundo piso, el *botero*, para ir a acompañarlos. También les llevaré el dinero para pagar el funeral.

Salen los hijos de Manuela 2 y Manuela 1 se dirige hacia los cuartos del final del apartamento donde permanece todavía intocable una cuantiosa cantidad de la herencia que todos le dejaron.

MANUELA 1: Nadie nunca supo todo el dinero que la Tocaya y yo ganamos vendiendo adornos y prendas en la Casa del Oro hace varios años. Con eso resolvimos tantas cosas, desde comida hasta tinte de pelo y desrizador. Ahora, hasta el pago de tu funeral saldrá de esta herencia que tú nunca entendiste cómo llegó hasta mí, ni quién me la dejó.

(*Cambio de luces, mientras desaparece de escena*).

• Escena III •

1992. Luces. Silencio total. Manuela 1 está sentada en una butaca y, de pronto, se para y se dirige a una gaveta del aparador, saca una foto de Esteban y comienza a hablar con la foto).

MANUELA 1: Te fijas, Esteban, como se va la vida y nosotros nunca nos pudimos poner de acuerdo ni resolver nuestra situación. ¡Qué lindo habría sido el terminar nuestros días juntos! Pero no, siempre me dabas largas y no me ponías en el sitio que yo me merecía... Me acuerdo cuando nos despedimos en esta sala en el 1962, antes de tu partida, y tú me jurabas que nos reuniríamos pronto y yo tenía el presentimiento de que todo aquello no iba a resultar... Lo sabía, como siempre supe que me mentías cada vez que nos veíamos, pero el besarte, el acariciarte, el abrazarte, el compartir aquellos espacios contigo, aquellas pobres migajas de tiempo que tú me dabas, todo era más importante que enfrentar tus mentiras... Fui tu amante por más de veinticinco años, desperdicié mi juventud y mi madurez. Tiré mi carrera por la borda porque siempre estaba más preocupada de ajustar mis horarios a tus llamadas que a mi propia profesión. Luego te fuiste, me dejaste, justo cuando me retiré y habías comprado este apartamento, que íbamos a compartir en nuestra vejez... Cuanta mentira albergaban tus falsas promesas de que me ibas a mandar a buscar en cuanto arreglaras la situación de tu familia... ¡Qué tristeza! Esperé una sola señal tuya por más de diecisiete años, hasta que decidiste enviarme aquella miserable carta con mi sobrino en el 1979... Fuiste tan descarado que te acercaste a mi hermana y a su familia con embustes. Las mentiras seguían siendo las mismas, pero yo no supe entender el mensaje... Preferí hacerme ilusiones y no enfrentar la verdad... Y, para colmo, la excusa de ese otro hijo que tuviste con tu mujer fuera de Cuba y que llegó al mundo con problemas de retraso mental... No lo podías dejar, tenías que velar por él... Ese niño te necesitaba más que los otros... Siempre con la excusa perfecta para salvar la situación... Yo era la fuerte de esta historia, yo podía esperar toda una vida... Como si mi tiempo fuera inagotable... Me hiciste creer en esa carta que había una posibilidad para que lo nuestro funcionara y lo único que se te ocurrió fue el ofrecerme a mi llegada a Puerto Rico, toda ilusionada a mis setenta y cinco años, un apartamento en El Condado... ¡Qué cínico! Nunca me quisiste. (*Mirando a la foto con odio*). No sé de dónde saqué las fuerzas para correr y marcharme de tu lado cuando me encontré contigo ese día...Te maldigo, Esteban, púdrete en el infierno... No me interesa si tienes salud o no, si estás vivo o muerto, no quiero volver a saber de ti, nunca más, como a ti tampoco te importó todo lo que tuve que padecer sola mientras veía a mi familia y a los amigos irse, poco a poco, y evaporarse, como todos... Mi vida no ha sido mejor que la de la infeliz Tocaya, ni yo he sido mejor que ella... Las dos cruzamos nuestras vidas con hombres a los cuales no les importó engañarnos y utilizarnos hasta el cansancio... Quizás, por eso, nos hicimos amigas... Entendí sus problemas, más de lo que ella nunca imaginó... Y, es posible, que ella intuyó lo que me pasaba sin decírmelo... He vivido encerrada gran parte de mi vida, ajena a la realidad y al caos que me rodeaba... Esperando por ti, solo por ti... Ahora mi tiempo se agota, pero he decidido que en los días que me quedan de vida, no deseo pensar más en ti...

(*Coge una encendedora y le prende candela a la foto de Esteban. La pone en un centro de mesa y la observa mientras se consume. Se comienza a escuchar la canción "El amor acaba"*).

FIN

ÍNDICE

Acto I / 9

Acto II / 37

Acto III / 57

EDICIONES BAQUIANA

OTROS TÍTULOS DE LA AUTORA EN LA COLECCIÓN DE TEATRO
RUMBOS TERENCIANOS:

TRILOGÍA DE TEATRO BREVE
Abstinencias – Falso positivo – La marcha
de Maricel Mayor Marsán
ISBN: 978-1-936647-08-8 (2012)
Paperback – Tapa suave

THE PLAN OF THE WATERS/EL PLAN DE LAS AGUAS
A theatrical play in one act – Una obra teatral en un acto
de Maricel Mayor Marsán
Bilingual edition -- Edición bilingüe
ISBN: 978-0-9788448-8-2 (2008)
Hardcover – Tapa dura.

GRAVITACIONES TEATRALES
Cuatro piezas de teatro breve y dos monólogos:
Análisis de madurez – El plan de las aguas – La roca –
Las muchachas decentes no viven solas (monólogo) – Lazos que atan y desatan las almas – Testimonio de mis días (monólogo de la mujer sándwich)
de Maricel Mayor Marsán
ISBN: 0-9701913-5-9 (2002)
Paperback – Tapa suave.

P. O. Box 521108 Miami, Florida, 33152. EE.UU.
E-mail: info@baquiana.com

**Impreso en los Estados Unidos de América
Febrero de 2013**